HIERONYMUS BOSCH

Der Garten der Lüste. *Detail.*

Aldeasa

DER FROMME MALER

In seinen frühen Jahren schuf Hieronymus Bosch bereits herrliche Werke, die schon allein genügten, ihn zu einem Meister der universalen Kunst zu machen. Seine großen Triptychen jedoch lassen ihn in einem ganz eigenen und unverwechselbaren Licht erscheinen. Die Hälfte seiner Gemälde behandelt traditionelle christliche Themen, vor allem die Leidensgeschichte Christi und das Leben von Heiligen. Dazu gehören unter anderem eine *Epiphanie* (Philadelphia, USA) und *Ecce-Homo*-Darstellungen (Philadelphia und Frankfurt/Main, Deutschland). Weiterhin gibt es einen *Gekreuzigten*, zweimal eine *Kreuztragung* - mit dem anachronistischen Detail eines Priesters, der einem reumütigen Dieb die Beichte abnimmt - die *Dornenkrönung*, die *Hochzeit zu Kanaa* - ausgesprochen gotische Malerei. Dasselbe trifft auf die meist aus seiner frühen Zeit stammenden Heiligenbilder zu: ein *hl. Hieronymus*, das *Martyrium der hl. Julia*, verschiedene Darstellungen des *hl. Antonius*, der *Evangelist Johannes auf Patmos* oder der *hl. Christophorus mit dem Jesuskind.* Es sind alles Gemälde im reinsten gotischen Stil, mit lebendigen Grün-, Rosa- und Gelbtönen und einer gewissen Starrheit, charakteristisch für den damaligen in der Zeichnung noch nicht ganz ausfeilten Stil, und etwas Groteskem in den Gesichtszügen, wie später auch bei Brueghel. Diese zweifellos prachtvollen Gemälde beunruhigen, da sie Gefühle auslösen, sind aber von der Komposition her traditionell. Der wahre Hieronymus Bosch geht noch weiter.

In Wien sind viele seiner Stiche zu finden. Es ist bekannt, daß Alart du Hameel und Brueghel der Ältere von Bosch stammende Originale gedruckt haben. Auch sind uns verschiedene Skizzen, vor allem von Ungeheuern und Teufeln, Entwürfe für größere Werke, erhalten geblieben.

Viele der frühen Gemälde dieser Art weisen bereits auf den späteren genialen Schöpfer hin, so z.B. die *Sieben Todsünden und die Vier Letzten Dinge auf einer Tischplatte* (Prado), Öl auf Holz, aus der Zeit um 1480, also eines seiner frühesten Werke. Später nahm er dasselbe Motiv wieder auf. So ist es möglich, die verschiedenen Darstellungen der Hölle und der Qualen der Sünder miteinander zu vergleichen. Auf einer rechteckigen Fläche sind - in Form eines Auges - die sieben Todsünden als großer Kreis um die Figur Christi in der Mitte gruppiert. In vier kleineren Kreisen an den Ecken sehen wir des Sünders Tod, Jüngstes Gericht, Paradies und Hölle. In der Hölle erhält jede Todsünde - erläutert durch gotische Lettern unter den Szenen - ihre Bestrafung. Höchstwahrscheinlich wurden diese vier Ecken nicht von Bosch allein geschaffen, sondern entstanden in seiner Werkstatt unter seiner Aufsicht, was die etwas derbe, für den Meister untypische Zeichnung vermuten läßt.

Das Narrenschiff ist eine Allegorie der zügellosen Welt, ohne Glauben, wie sie auch in den Gedichten des heute vergessenen Moralisten Sebastian Brant dargestellt wird. Diese Satire aus dem Jahre 1494 wurde sogar noch zu Lebzeiten des Autors sechsmal neu aufgelegt. Laut Brant „lebt die Welt in der Dunkelheit der Nacht, blind in Perversion verharrend", ein der befreienden anthropozentrischen Ideologie der Renaissance entgegengesetzter Gedanke. In diesem Schiff der Ausschweifungen, wo man trinkt und rauhe Lieder singt, sind jedoch

Oben: Tischplatte der Sieben Todsünden. *Unten*: *Detail aus demselben Werk.*

Gula

zwei Mönche die Zielscheibe der Kritik Boschs.

Das Gemälde *Das Steinschneiden* (Prado) verfolgt zwei Absichten. Zum einen wird die damalige Medizin und die Leichtgläubigkeit des Menschen verspottet, und zum anderen bedeutet die Blume, die aus dem Kopf des Patienten sprießt, daß Sensualität und Genußsucht den Menschen der Vernunft entfremden. Diese simulierte Heilmethode - selten tatsächlich angewandt - war damals ein durchaus gängiges Mittel gegen die Torheit. Die Ausdruckslosigkeit der Figuren läßt vermuten, daß das Gemälde nicht ganz von Bosch selbst stammt.

Das Tripthychon *Die Anbetung der Hl. Drei Könige* (Prado, Madrid) ist ein traditionelles religiöses Gemälde, aber - im Vergleich zu den bisher genannten Werken - in der Zeichnung gelungener. Trotz ihrer mittelalterlichen Charakteristik weist die Komposition einen besonderen Realismus auf und eine hervorragende Zeichnung des holländischen Meisters, vor allem bei der Nuancierung in der Landschaft und der Pracht der Königsmäntel. Oft wird vergessen, daß die Triptychen schließbar sind und auch die Rückseiten häufig bemalt wurden. So ist hier auf den Rückseiten die *Messe des hl. Gregor* dargestellt. Seitlich sind die Figuren der Stifter, Mann und Frau, zusammen mit ihren Namenspatronen, Peter und Agnes, zu sehen. Die daneben sichtbaren Wappen zeigen, daß sie zu den Familien Bronckhorst und Bosshuyse gehörten.

Die Figuren auf dem Mittelteil erscheinen in prachtvoller Würde. Die Dekoration auf den Königsmänteln verrät ihre heidnische Vergangenheit. Jedoch weiter hinten, in dem verfallenen Stall, sehen wir eine Ansammlung von Menschen mit feindlichen Gebärden bzw. einem Ausdruck zwischen Neugier und Bosheit. Unter ihnen fällt vor allem ein halbnackter Mann mit Krone auf. In ihm sieht man Herodes oder den Antichristen mit seinen Begleitern; oder aber einen Propheten. In der lieblichen Landschaft im Hintergrund eilen zwei Gruppen aufeinander zu. Es könnte sich um das Zusammentreffen der Gefolge der Drei Weisen handeln oder um eine Schlacht. Auf der linken Tafel hütet Joseph das Feuer, und die Stadt im Hintergrund könnte sehr wohl Jerusalem sein.

DAS JÜNGSTE GERICHT

Das Jüngste Gericht ist die letzte Äußerung christlichen Glaubens im Mittelalter. Hier entscheidet sich, wie und wo sich das Ewige Leben sein wird. Fromme Lebensart wird mit dem Paradies belohnt, böse Menschen und Sünder werden in der Hölle bestraft, wo die schlimmsten irdischen Torturen sanfter Balsam im Vergleich mit den dortigen Qualen sind. Wohl kein anderes Gemälde spiegelt so getreu die Vorstellung des damaligen Menschen von der Hölle wider.

Dieses Werk aus der mittleren Schaffensperiode des Künstlers ist sein von den Maßen her größtes. Auf den Außenseiten der Flügel sind die hll. Jakob von Compostela und Bavo dargestellt, während die Innenseiten das Jüngste Gericht - eher eine Hölle, eine flammende Apokalypse - mit verschiedenen Nebenszenen, das Paradies und die Hölle selbst zeigen. Die Darstellung von gleißendem Feuer zur Verdeutlichung von schrecklichen Leiden stammt wohl aus seiner Erinnerung an die vielen Glasbrenneröfen in Hertogenbosch.

Das Paradies ist hier nicht nur der Lohn für Tugendliche, sondern auch der Garten

Die Anbetung der Hl. Drei Könige. *Mittelszene.*

jheronimus bosch

Eden, wo Gott Eva aus der Rippe Adams schafft, wo beide die Ursünde begehen und woraus sie vertrieben werden. Parallel dazu sieht man im oberen Teil die Verstoßung der in Ungnade gefallenen Engel.

Auf der Hauptfläche, mit der Figur Gottes oben in der Mitte, sind nur wenige Erwählte zu sehen, während sich weiter unten, in einer düsteren, zerstörten, unbarmherzigen Landschaft Zügellosigkeit und Verbrechen breitmachen. Im Gegensatz zu anderen Werken des Malers ist die Erde hier nicht viel anders dargestellt als die Hölle selbst - auf dem rechten Flügel. Dort dominiert Gott nicht mehr, der Himmel ist noch finsterer und die Feuersbrunst noch schlimmer. Die hier dargestellten Szenen spiegeln die Literatur zu Boschs Zeit wider.

Jedoch scheinen die zahlreichen Qualen, die Scharen von Dämonen den Sündern zufügen, nicht schmerzhafter zu sein als diejenigen, die auf der Erde erlitten werden. Bei genauerer Betrachtung fällt auf, daß die schlimmste Strafe für die Mystiker ist, Gottes Antlitz nicht zu sehen, während dies für die meisten anderen unsägliche physische Torturen sind. Dabei ist die teuflische Fauna, ein ganzer Katalog, wo sich kein Unwesen wiederholt, nicht haarsträubender als die Dämonen, die den Menschen zu Lebenszeiten quälen.

DIE VERSUCHUNG DES HL. ANTONIUS

Von diesem Thema existieren verschiedene Versionen. Die bekannteste ist wohl ein Triptychon, Öl auf Tafel, aus der Zeit zwischen 1495 und 1505, heute in Lissabon. Der reife Bosch zeigt da ein Repertoire voller Technik und Formen all jener Ungeheuer, die er während seiner Laufbahn zur Darstellung des Bösen zwischen Erde und Hölle angesammelt hat. Der Prado beherbergt jedoch noch vier andere Versionen. Das Leben des von Versuchungen geplagten Heiligen wiederholt sich zwar bei Bosch, wie auch bei seinen Zeitgenossen. Er aber beschreibt nicht nur ihre Wunder, sondern läßt die Heiligen verwundbar erscheinen und rühmt schließlich ihre Hingabe an das kontemplative Einsiedlerleben.

Der langlebige hl. Antonius (251-356) verbrachte einen Großteil seines Lebens meditierend in der ägyptischen Wüste, wie es von Anastasio in seinem „Vita San Antonii" berichtet wird. Seine grenzenlose Frömmigkeit machte ihn zur Zielscheibe vielzähliger und fortwährender Versuchungen, die in das Volksgut eingingen. Erneut muß die tiefe christliche und moralische Überzeugung des Malers betont und von einem reinen Wohlgefallen an seltsamen Wesen abgesehen werden. Gemäß Bosch erlaubt Gott Unglück und Sünde, damit daraus der Glaube erstarkt hervorgehe. Hieronymus Bosch, wie auch Erasmus von Rotterdam, versuchte somit der Krise beizukommen, die bald zu dem Bruch von Mittel- und Nordeuropa mit dem Papst in Rom führen sollte.

Das Gemälde im Prado (70 x 51 cm), Öl auf Tafel, um das Jahr 1510 entstanden, zeigt, im Vergleich zu anderen Versionen, eine idyllischere, sonnigere, heitere Atmosphäre, mit dominierenden Gelb- und Grüntönen. In diesem Spätwerk stellt Bosch einen gelassenen Heiligen den Plagegeistern gegenüber, die zweifellos Versuchungen verkörpern, deren Ausarbeitung jedoch eine sichere Interpretation jeder einzelnen Figur praktisch unmöglich macht. Der persönliche

Die Versuchung des Hl. Antonius.

Symbolismus und die maßlose Phantasie des Malers kommen hier, wenn auch geläutert, in meisterhafter Weise zum Ausdruck.

Der Heilige scheint, nach schrecklichen Proben und Schlägen, die ihm das Teufelspack zugefügt hat (laut der Legende, auch wenn es auf diesem Gemälde gerade nicht dargestellt ist) in gefaßter, meditativer Beschaulichkeit versunken. Auf seiner Kutte ist der griechische Buchstabe ‚tau' bzw. das Antoniuskreuz zu erkennen, das Zeichen der Antonianer. Auch das neben dem Heiligen liegende Schwein ist ein Symbol dieses Ordens. Das Glöckchen in seinem Ohr bedeutet, daß es zu einem Kloster gehört und von niemandem belästigt oder beansprucht werden darf. Aber ein Unwesen, eine Mischung aus Burg und Vogel mit Armen, will dem Schwein gerade einen Schlag versetzen; ein typischer Beweis für den Humor, der immer unterschwellig in der Malerei Boschs vorhanden ist. Das tückische satanische Pack, an das wir von ihm gewohnt sind, ist zusammengeschrumpft auf einige skurrile abstoßende Wesen, die hartnäckig, aber vergeblich versuchen, die Gedanken des Einsiedlers zu stören. Dieser scheint in seinem hohlen Baumstamm, mit einem seltsamen kleinen Strohdach darüber, ganz und gar in sich versunken.

Wie bereits erwähnt, ist die von Bosch oftmals angewandte farbliche Intensität konzentriert auf verschiedene Gold- und Grüntöne. Weiterhin überrascht, daß er hier seine verworrenen Menschenmassen durch eine einzelne und überdies betrübte Figur ersetzt. Das heißt, die *Versuchung* im Prado verdeutlicht einen radikalen Umschwung, sowohl von der strahlenderen Farbgebung als auch vom vereinfachten Inhalt her.

Bosch ist bestrebt, sein Innenleben zu zeigen, mutig aber leidend, mit einem neuen Durst nach Bezeichnendem und auf schlichtere Art. Seine Malerei zeigt jetzt eher Anspielungen als Darstellungen. Ebenfalls neu ist, daß er nun Landschaften unter Tageslicht malt. Seine Ausdruckskraft verstärkt sich noch bei seiner Suche nach mehr Einfachheit. Seine gewohnten sonderbaren Figuren werden nicht verniedlicht, sondern von einer herrlichen Umgebung in den Schatten gestellt, die bereits eine Ankündigung der Landschaftsmalerei des XVIII. Jh. sein könnte. Das Verwirrende vieler seiner Bilder, voller Verstandesschärfe, Halluzinationen und Metaphern, macht nun einem starken Gefallen an der Natur Platz, die der Maler beeindruckend mit äußerst reduzierten Strichen darstellt.

DER GARTEN DER LÜSTE

Das Triptychon *Der Garten der Lüste* (1500-1510), heute im Prado, wird als das Meisterwerk des holländischen Künstlers angesehen. Außerdem ist es eines der symbolträchtigsten Gemälde der Kunstgeschichte. Es handelt sich um Ölmalerei auf Tafel, 220 x 389 cm, und ist ein entschiedener Vorstoß in die phantasievolle Traumwelt, die man während der Laufbahn des Künstlers bereits erahnt und vermutet hat. *Der Garten der Lüste* ist eine suggestive, beunruhigende und äußerst ausdrucksstarke Arbeit, für die man bis heute noch keine befriedigende Interpretation gefunden hat, da ihre Elemente vieldeutig und die Ideen gegensätzlich und sogar widersprüchlich sind.

Bekanntermaßen sind die drei Gefahren für ein christliches Leben die Welt, der Teufel und das Fleisch. Bei diesem Gemälde konzentriert sich Bosch auf letzteres und

Der Garten der Lüste, das Paradies. *Detail.*

widmet ihm die gesamte mittlere Tafel. Der linke Flügel stellt das Paradies dar, den Garten Eden, und der rechte ist der Hölle gewidmet. So sind alle drei Stadien des menschlichen Werdens gemäß der religiösen Auffassung festgehalten: Je nach der Lebensart ist Verdammnis in der Hölle oder Belohnung durch den Himmel zu erwarten. Zur weiteren Verstärkung dieses Gedankens ist auf den äußeren Flügelseiten die *Erschaffung der Welt* dargestellt; unter einem Himmel mit Kumuluswolken, eine Landschaft innerhalb eines grauen Kreises. Dabei war damals erst seit kurzem die Rundung der Erde anerkannt worden.

Auf dem Mittelbild ist ein Garten auf verschiedenen Ebenen dargestellt, als wären es mehrere Szenen eines Theaterstückes, voller Objekte und Figuren verschiedener Rassen, alle nackt. Im Hintergrund sieht man eine Stadt oder ein Gebirge aus fünf kugelähnlichen Gebilden mit turmartigen Aufbauten, über die geflügelte Wesen hinwegfliegen. Eines dieser turmförmigen Gebilde aus mehreren Kugeln wird mit dem Jungbrunnen in Verbindung gebracht, dem mittelalterlichen Symbol für ewige Jugend.

Bisweilen wird in Studien über dieses Triptychon von einer klaren „moralisierenden und didaktischen" Absicht gesprochen, ohne diese jedoch genauer zu erläutern. Ein Deuter meint, es sei eine Metapher für die Vergänglichkeit der irdischen Genüsse und die Sehnsucht nach diesen Freuden, die aber gleichzeitig den Weg ins Verderben bedeuten. Diese Endlichkeit wird durch Himbeeren, Trauben, Erdbeeren und Kirschen symbolisiert, alles delikates und schnell verderbliches Obst. Eine weitere These geht davon aus, daß Bosch den Gedanken des falschen Paradieses aufzeigt, dessen Genüsse kurzlebig sind und ins Verderben führen. Andere wieder vertreten die Auffassung, daß es um die Verdammung sexueller Ausschweifungen geht. Doch alles scheint hier liebenswert und heiter, ohne direkte negative Aspekte. Jedenfalls kann man die Theorie, daß dieses Werk die Todsünde der Aussschweifung beschreibt, nicht beiseite schieben, da die Sexualität in der Epoche Boschs als der Sündenfall an sich oder höchstens noch als ein notwendiges Übel angesehen wurde.

In der Mitte des Bildes erscheint eine Reiterprozession um einen runden Teich. Unter den gerittenen Tieren sehen wir Hirsche, Wildschweine, Geparden und Löwen - damals wirklich exotische Tiere - und andere Tiere aus der Mythologie, wie Einhörner oder Greife, Symbole für Laster. Es sind ruhige Tiere, einige davon in Übergröße, wie der Stieglitz und andere Vögel links, oder die Muschel, die einem Paar Unterschlupf bietet. In dem Teich in der unteren Bildhälfte schwimmen ein Apfel und eine durchsichtige Blase, ebenfalls Zufluchtsorte für Liebespaare. Einer der Insassen bietet mehreren Schwimmern eine riesige Himbeere zu essen an. Viele dieser Früchte und Tierwesen haben sexuelle Bedeutung, wie auch die Texte holländischer Lieder und Redensarten aus der Zeit Boschs.

Auf dem rechten Flügel, bekannt als *Die musikalische Hölle*, wegen der darauf abgebildeten Instrumente, beobachtet ein Baum-Mensch mit ironisch-kaltblütigem Ausdruck, wie menschliche und teuflische Kreaturen ihresgleichen auf die schrecklichste Art foltern. Bei diesem seltsamen Wesen mit hohlem Körper, dessen Baumarme sich auf zwei Barken stützen, lugt unter einem Verband ein Geschwür hervor, hervorgerufen

Der Garten der Lüste, das Paradies. *Detail.*

durch die Syphilis, eine damals weit verbreitete Krankheit. Das Gesicht der Figur wurde als Selbstporträt des Malers identifiziert. Die Kritiker sind sich einig, daß das Messer zwischen zwei Ohren, links darüber, eine sexuelle Anspielung ist, während der Kreis und der Dudelsack auf dem Kopf des Ungeheuers als weibliche und männliche Symbole gelten, obwohl der Dudelsack auch auf Homosexualität anspielen könnte.

Rechts unterhalb dieser Figur sitzt auf einem hohen Thron ein Etwas mit Vogelkopf und menschlichem Körper, dessen Füße in zwei Krügen stecken - ein teufliches Symbol, sagt man. Dieses Wesen, das man oft mit dem Satan gleichsetzt, verschlingt Verdammte und scheidet sie in ein schwarzes Loch unter dem Thron wieder aus. In dieselbe Kloake erbricht sich ein Verdammter, während ein anderer Goldstücke aus seinem Darm entleert, alles Taten, die mit dem Teufel in Verbindung gebracht wurden. Unter dem Mantel Satans wird eine Frau von einer Art schwarzem Hund und einem kopflosen Ungeheuer bedrängt, dessen Rumpf mit einem Spiegel abschließt, der das Gesicht des Opfers wiedergibt. Oberhalb davon erhalten Musiker, um große Instrumente herum gruppiert, ihre Bestrafung. Warum Bosch diesen Beruf gewählt hat, ist bis heute unklar.

In der linken unteren Ecke greifen mehrere Dämonen einige dem Spiel verfallene Verdammte an, wie es die Karten und Würfel suggerieren. Von den *Sieben Todsünden* her weiß man, daß die von einem Dolch durchbohrte Hand die Strafe für Zorn bedeutet. Sowohl die Hand des von einer Ratte ermordeten Spielers als auch die Art Schild, den das Tier auf dem Rücken trägt, geben dieses Symbol wieder. Einer weiteren Meinung, daß die erwähnte von einem Messer durchbohrte Hand die segnende, gütige Hand Gottes symbolisieren könnte, die von den Sünden der Menschen verletzt ist, fehlt die Interpretation der Rolle des Würfels auf der Fingerspitze.

Schließlich sehen wir auf dem linken Seitenflügel, über der Szene der Erschaffung Evas aus der Rippe Adams, eine phantasievolle Vision des Irdischen Paradieses. In der Mitte steht der Lebensborn - wie auch auf dem zentralen Gemälde -, dessen Wasser sich in einen See ergießt, wo Einhörner und Hirsche neben Enten und Schwänen trinken, aus dem aber auch dreiköpfige Echsen kommen und übergroße Zwitterwesen, woraus man schließen könnte, daß die Verdorbenheit von Anfang an im Leben inbegriffen ist. Ein Detail zieht die Aufmerksamkeit auf sich: Die Eule, die aus einer Öffnung des Brunnens lugt, war im Altertum das Symbol für Weisheit, während sie im Mittelalter das Böse darstellte. Es ist nicht bekannt, welche Deutung Bosch ihr gab. Die Landschaft im Hintergrund besteht aus seltsamen traumhaft anmutenden Felsenformationen (eine davon bietet einem Vogelschwarm Unterschlupf), die an das Gemälde mit der Darstellung der Welt erinnern. Man sieht, wie ein Löwe, umkreist von Raubvögeln, seine Beute verschlingt, als wäre dies ein Vorläufer der heutigen These über die Natur, wo die Grausamkeit des Kampfes ums Überleben untrennbar vom Leben selbst ist. Als letztes soll auf die große Seltenheit hingewiesen werden, auf einer Darstellung des XVI. Jh. einen Elephanten oder eine Giraffe zu sehen, da Afrika damals praktisch noch unerforscht war. Bosch konnte von diesen Tieren nur etwas wissen durch Abhandlungen über die Natur und seltene Zeichnungen, die von Ägypten seinerzeit im Umlauf waren.

Der Garten der Lüste, die Hölle.

DER HEUWAGEN

Der Heuwagen (1503-1512) ist ein Triptychon, Öl auf Tafel, 135 x 100 cm groß, auf dessen drei Flächen die drei Welten der christlichen Kosmogonie dargestellt sind: Erde, Himmel und Hölle. Bosch nutzt volkstümliche und philosophische Quellen, um das Streben nach irdischen Gütern darzustellen, den Wahnsinn, Ehrgeiz und die Blindheit, mittels derer man den „Wagen des Überflusses" erklimmen möchte, selbst wenn es einen das Leben koste. Die Außenseiten der Flügel bedeckt eine symbolische Szene in realistischem Stil, genannt *Der Pilger.* Es ähnelt von der Komposition her einem Tondo (Rundbild) Boschs. Links ist das Paradies dargestellt und rechts die Hölle, also mit derselben Einteilung wie *Der Garten der Lüste*. Aber der Mittelteil zeigt, anstatt der sprühenden Phantasie einer nackten und sensuellen Welt, eine unheilvolle Vision des Lebens, eine Art Abfolge soziologischer Skizzen von Szenen aus dem täglichen Leben. Nur die Tiere, die den Karren ziehen, erinnern etwas an die Abgründe, die Boschs Pinsel oftmals auftun.

Einige Kunstexperten schreiben das Gemälde zwar Brueghel dem Älteren zu, es ist jedoch eine der gelungensten symbolhaften Kompositionen Boschs. Das damalige flämische Sprichwort, „Die Welt ist ein Heuhaufen und jeder nimmt davon, soviel er fassen kann", scheint den Künstler inspiriert zu haben. Es könnte auch eine andere, subtilere Quelle dafür verantwortlich sein, nämlich die Passage aus dem Buch Isaias, die Rühmung der Ehre Jahwes, bei der Befreiung seines Volkes: „Alles Fleisch ist Gras, all seine Pracht wie die Blume der Flur" (Isaias 40,6).

Auf dem Mittelbild steht, vor einer Landschaft und unter dem Blick Jesu, der Heuwagen als Symbol für irdische Freuden und Güter, wie sie sich jeder wünscht. Der große Karren ist der Mittelpunkt der Haupttafel. Seine Fracht erweckt Neid. Alle Menschen versuchen, mit den Händen, mittels Gabeln oder Leitern, einen Teil des Heus zu ergattern. Kein sozialer Stand entkommt dem Lockruf; man sieht einen Papst, den Klerus, Könige, das Volk, Soldaten und Laien, Männer und Frauen, sogar Menschen verschiedener Nationen, erkenntlich an den Turbanen einiger Figuren. Die Entschlossenheit, einige Heuhalme zu ergattern, führen zu einem heftigen Kampf. Man sieht sogar zankende Mönche und eine Mordszene. Weder Gold noch Schmuck ist das Motiv Boschs, sondern Heu, Tierfutter. Mit dieser weiteren moralisierenden Absicht zeigt er die Banalität der irdischen Güter auf.

Auf der Heufuhre selbst sehen wir eine ruhige Gruppe von Menschen, die den privilegierten Ort erreicht haben. Während sich ein Paar umarmt (beobachtet von einem Mann, der der betrogene Ehemann sein könnte), singt ein anderes Paar und wird von einem jungen Mann auf der Laute begleitet. Daneben erzeugt der Dämon der Eitelkeit, erkennbar an seinem Pfauenschwanz, auf einem Horn den Klang des weltlichen Ruhmes und regt sie zur Sünde an. Die Szene wird von einer Eule beobachtet, die vermutlich die Blindheit, welche die Menschen ins Verderben führt, symbolisiert, oder aber das Böse oder die Weisheit darstellen könnte, wie auch im *Garten der Lüste*.

In dem Paradies auf der linken Seite ist nochmals die Schaffung Evas aus der Rippe Adams dargestellt, die Versuchung und der Sündenfall durch den Genuß des Apfels, und

Der Heuwagen. *Mittelszene. Auf der vorigen Doppelseite:* Der Garten der Lüste.

ihre Austreibung aus dem Garten Eden. Gleichzeitig stürzen gefallene Engel vom Himmel, wo Gott über allem steht. Die rechte der Hölle gewidmete Tafel ist in zwei Bereiche aufgeteilt. Im oberen werden neue Höllenräume gebaut, während im unteren die Verdammten von Teufeln zum Eingang hingedrängt werden. Einige - vermutlich Neider - werden bereits gefoltert und von wilden Tieren verschlungen (während ein solches Untier angreift, sitzt ein Vogel auf seinem Schwanz, der aus Zweigen besteht). Auf dem Boden liegt eine Frau - die Hochmut -, deren Nacktheit von einem Frosch bedeckt wird. Diese Strafen können ebenso interpretiert werden wie bei den *Sieben Todsünden.* So z.B. ist von dem von einer Lanze durchbohrten und einen Kelch in der Hand haltenden Mann auf dem Ochsen anzunehmen, daß er Gotteslästerung begangen hat; man hat die Szene aber auch mit mehreren Bibelpassagen in Verbindung gebracht.

ZWEI WELTEN UND VIER TRIPTYCHEN

Vor allem muß man mit der abgenutzten Theorie brechen, daß Bosch ein Schwanengesang der dunklen Kräfte des Mittelalters sei und die letzte apokalyptische Vision vor dem Eintritt in die ruhige, rationale Renaissance. Sicher trifft das auf einige seiner Werke zu, aber der Großteil seines Schaffens entspricht einfach dem damals üblichen konservativen religiösen Denken. Und genau diese oftmals vergessene Facette, die aber im Laufe seines Lebens überwiegt, hilft uns, ihn zu verstehen. Es ist klar, daß sich niemand an ihn erinnern würde wegen seiner religiösen Malerei, sondern Bosch wurde studiert, bewundert und ... nicht verstanden wegen seiner Arbeiten *Das Jüngste Gericht, Der Garten der Lüste, Der Heuwagen* und *Die Versuchungen des Hl. Antonius.* Vier Triptychen, die - wie Blitze - zwei Welten flüchtig beleuchten: Himmel und Hölle, wie Rettung und Verdammnis der Christen, Wahnsinn und Besonnenheit, Hochflug und Abstieg gegen Erde und Welt, Dämonen der Vernunft im Gegensatz zum reellen Erscheinen der Unvernunft.

Und die Werke Boschs spiegeln seine zwei Welten wider, die religiöse, konventioneller Art, und die extravaganten Halluzinationen seiner Tiptychen. Außer einigen Experten des XVI. Jh. würde sich niemand an ihn erinnern wegen seiner religiösen Werke. Dem großen Publikum sind sie sogar gänzlich unbekannt. Hat man dagegen seine vier Triptychen gesehen, kann man ihn nicht mehr vergessen oder sich dem magnetischen Zauber entziehen, den sie auf einen ausüben. Auf den ersten Blick sind es zwei völlig gegensätzliche Welten; von der Malerei her haben sie wenig miteinander gemeinsam. Aber die in den vier Triptychen versteckte Botschaft ist ähnlich - obwohl erst auf den zweiten Blick; denn letzten Endes basieren beide Welten auf dem Glauben, jenem Glauben, der sich noch nicht aus den Nebeln der Grausamkeit und Unschuld des Mittelalters gelöst hat.

Jedenfalls kennt man von Bosch nur sieben unterzeichnete Bilder. Kritiker sind sich jedoch sicher, daß zwanzig existieren, und darunter zweifellos diejenigen aus dem Prado. In verschiedenen Kopien, sowohl aus seiner Zeit als auch aus späterer, findet man dieselbe Thematik, die konventionelle religiöse Seite wie auch den phantasievollen Geist, der Bosch berühmt gemacht hat. Felipe de Guevara,

Der Heuwagen, das Paradies.

dessen *Analysen der Malerei* 1788 in Madrid veröffentlicht wurden, zeigt eine lange Liste von Boschs Werken auf, die mit der Zeit geschrumpft ist. Andererseits weiß man, daß Mandyn, einer der perfektesten Plagiatoren Boschs, sein Monogramm in einem Winkel der Arbeit versteckte, um dadurch entdeckt zu werden. Und so wurden einige seiner Kopien identifiziert.

Die symbolträchtigste Malerei Boschs wurde oft als ein Produkt von Wahnvorstellungen angesehen, als Sonderlichkeit eines Verrückten, um es klar zu sagen. Jedoch kann bewiesen werden, daß die Bilder Boschs zwar aus einem Rausch heraus entstanden sind, aber aus einem kontrollierten Rausch, voller Absicht und künstlerischer Technik. Man sprach von ihm auch als Ketzer. Dagegen aber haben die Könige Philipp der Schöne und Philipp II., die der Ketzerei wirklich nicht verdächtig waren, seine Werke gutgeheißen. Philipp II., der wohl konservativste König der Christenheit, sah Boschs Werke nur im Lichte der Vernunft.

Die meisten spanischen Schriftsteller des XVI. Jh. haben für Bosch nur Worte des Lobes. Einige Kritiker meinen, sie seien die einzigen gewesen, die seine Bedeutung erkannt hatten, während das restliche Europa der Renaissance ihn nur als einen „bissigen Karikaturisten" sah. Dagegen zitiert ihn Vasari, der Archetyp eines Gelehrten in der Renaissance, 1550, in einem treffenderen, wenn auch noch nicht abgerundeten Urteil, als „Schöpfer wahrer Alpträume". Bosch war Zeitgenosse Albrecht Dürers, Leonardo da Vincis und anderer großer Maler der Renaissance. Er wird aber, aufgrund seiner originellen Art der Interpretation von Themen, eher als Maler des Mittelalters gesehen, der mit seiner realistischen Technik und seiner belehrenden Absicht die menschlichen Sitten ins Lächerliche zieht. Wer seine Lehrer waren, ist unbekannt, obwohl man sich denken kann, daß es sich um einen deutschen Künstler unter dem Einfluß von Grünewald oder Nicholas Flamel handelte. Weiterhin haben auf ihn die religiöse Volkskunst und die damals üblichen Holz- und Steinfiguren eingewirkt, wie auch sicher Abbildungen aus Büchern über die Natur oder Alchimie, die er sich zu Gemüte geführt haben muß, wie man auf den ersten Blick sieht. Uccello, Arcimboldo und Piero di Cosimo gingen nicht so weit. Allerdings sind auf Kapitellen und Friesen der romanischen Kirchen genügend Darstellungen von Untieren vorhanden, um mehr als einen Bosch zu inspirieren. Um festzustellen, ob Bosch eine Alternative gehabt hätte, bleibt nur noch zu fragen, wie wir heute die Höllenschrecknisse und Versuchungen der „Sünde" ausdrücken würden.

Seine Arbeiten beinhalten eine vom religiösen Gesichtspunkt her erlösende, fromme Botschaft, aber auch etwas aus dem Aberglauben des Volkes und Hexenlegenden. Nur können wir mit unserer Mentalität und durch den Verlust von belegenden Dokumenten im Laufe der Jahrhunderte dies heute wohl kaum mehr mit Sicherheit feststellen. Um die Widersprüchlichkeiten Boschs zu verstehen, sollte man sich vor Augen halten, daß der Teufel eigentlich ein gefallener Engel ist und daß sein Hexensabbat nicht das Teuflische beschwört, sondern genau das Gegenteil bedeutet, eine verlängerte Strafe Gottes für den Verirrten.

Man darf auch nicht vergessen, daß Bosch von der Inquisition nicht belästigt wurde und daß in den ersten Jahren des XVI. Jh. fünf Prozent der Bevölkerung von

Der Garten der Lüste. *Detail.*

Herzogenbosch einem religiösen Orden angehörte, was für einen Ketzer kaum eine günstige Umgebung abgegeben hätte. Ein Studiosus Boschs, Frater José de Sigüenza, weist bereits 1605 jegliche Anklage der Ketzerei zurück. All diese Angaben genügen, um Thesen wie die Fraengers (XIX. Jh.) zu widerlegen, die Bosch mit Geheimlogen in Verbindung bringt. Den *Garten der Lüste* betreffend wurde geschrieben, daß Bosch hier seine Zugehörigkeit zur Sekte der Adamiten verrate, eine ketzerische Sekte, die ihre Versammlungen nackt abhielt, wie Adam im Paradies - dessen Namen sie übernommen hatte -, und in der Poligamie und freie Ausübung der Sexualität erlaubt waren, um die Unschuld Adams aufleben zu lassen. Doch wir haben bereits gesehen, daß durch die Gegenwart der Inquisition und den kürzlich nach Madrid gezogenen Königshof, der Bosch gerade dieses Werk abkaufte, diese Theorie ganz und gar unplausibel wird, egal wie sehr die Verfechter der freien Liebe in den 70er Jahren sie auch verteidigten und den holländischen Meister zu ihrem Bannerträger machten.

Bosch schafft mit seinen Pinseln eine obsessive und gaukelhafte Welt, voller Höllenmaschinen und Bestien, Wundergestalten, Untiere überall (Köpfe mit Füßen, Arme mit Ohren, etc.), Tierobjekte, wie Trompeten mit Vogelkörper und Mißgestalten. Dies ist einmalig und unwiederholbar. Skrupellose und unheilbar kurzsichtige Kommentaristen stellen ein krankhaftes Gefallen an Kobolden, Gespenstern, Schlangen und Greifen heraus, als wäre diese Auswahl an Häßlichkeit Boschs Endziel.

Tatsächlich ist praktisch die gesamte phantastische Tierwelt des Mittelalters bei Bosch vertreten; aber danach darf man ihn nicht beurteilen. Er hat wohl ein wenig nachgeforscht, hat einige bereits unzählige Jahre im Volksgut bestehende Bilder ausgearbeitet und sicher auch Varianten von bereits vorhandenen geschaffen. All das trifft sicher zu; was einen an seinen Werken aber verstummen läßt, ist die Überfülle und wie er die verschiedenen Elemente auf ein und demselben Bild nebeneinander stellt, sowie sein Mut, sie in einem Konklave zusammen zu bringen. Niemanden überrascht ein Zentaur neben einer Harpyie; wenn aber über hundert imaginäre Figuren zusammengedrängt sind, so ist das etwas anderes.

Seine bewundernswürdigen köstlichen Träume oder burlesken Teufeleien bilden einen närrischen Karneval, einen Augenschmaus, der aber nur die moralisierende Absicht verbirgt. Ein ironischer Kritiker meint zunächst, es sei bedauernswert, daß so „monstruöse und schreckliche Ideen" geschaffen worden seien, um dann noch sarkastischer zu schließen, „zu welchem Preis hätten sie verkauft werden können, trügen sie lachende Gesichter". Er hat nicht ganz unrecht, obwohl Bosch nicht der große Schöpfer von malerischen Vampiren, Chimären oder ‚Grotteschi' der Renaissance war, wie man ihn auch bezeichnet hat, sondern ihr eifrigster Verbreiter. Sein Talent liegt vielleicht darin, daß er über die reine Beschreibung eines Universums hinausgeht, um es mit Scharfsinn und unauslöschlichen Pinselstrichen neu zu erschaffen. Aber diese Welt ist ein moralisches Universum, nicht nur ein Feuerwerk.

Der Poet Rafael Alberti, aus Cádiz, schreibt in seinem Gedicht *An die Malerei*: „Meine dunklen Dämonen, meine

Der Garten der Lüste, die Hölle. *Detail.*

Höllenfarbe/ hat mir Bosch abgenommen,/ der schlaue und zärtliche Teufel,/ mit seinem alchimischen Feuer aus Versuchungen/ geflügelten Klistieren und zornigen Besen". Ein anderes Gedicht aus demselben Band ist Bosch ganz gewidmet und behandelt die Figur des Künstlers mit schonungslosem Humor - sicherlich fehlt Bosch nicht ‚das große Lachen der Welt' -, um dann ganz anders zu schließen: „Wachsamer Maler:/ deine Palette strebt zum Himmel,/ und auf einem Horn/ reitet dein Pinsel in die Hölle". Diese letzteren Verse lassen sehr wohl die Absicht des Malers erkennen.

Bosch schwankt zwischen zwei völlig gegensätzlichen Polen; zwischen dem Glauben selbst und dem Glauben an die Errettung durch Christus einerseits und, andrerseits, den apokalyptischen Visionen, die dem Jahrhundertwechsel vorausgingen. Man glaubte, daß mit dem Jahr 1500 das Ende der Welt hereinbrechen würde. Dieser Zwiespalt tritt durch subtile Alchimie und esoterisches Wissen zutage. Seine Art, die Heiligen als von ständigen Versuchungen angegriffene Menschen zu sehen, wäre ein Jahrzehnt vorher unehrerbietig gewesen; nicht aber zu der Zeit, als er sie malte. Sein Einblick in die Welt der Träume, um es irgendwie zu benennen, weist auf einen Wissensdurst nach Neuem hin, jedoch mit voller Zustimmung der Kirche. Es wird irrtümlich von ihm gesagt, daß seine Weltanschauung von der mittelalterlichen Tradition abweiche, wobei man davon ausgeht, daß jene Epoche keine Phantasie, Legenden oder Wachträume gehabt habe, obwohl doch genau das Gegenteil der Fall ist.

Seine Gemälde sind keine unschuldige Leinwand, sondern Predigten, mit der Staffelei als Kanzel. Seine Arbeiten haben pulsierende Bedeutung. Seine Sprache ist verschlüsselt. Und doch, hat man nicht neue ‚Laster' entdeckt, nachdem Bosch sie auf seine Tafeln gebannt hatte? Zweifellos, denn sonst würden sie heute nicht ein Lächeln hervorrufen, nachdem man die erste Neugierde gestillt und sich von dem anfänglichen Schrecken erholt hat.

Bosch stellte das tägliche Lebens bis ins kleinste Detail dar. Er hatte eine grenzenlose Phantasie, die stets aus dem Volksgut schöpfte, und eine durchdringende, starke Intuition. Er war ein Moralist und nutzte die Symbolik des Mittelalters, um die Botschaft für das Verständnis seiner Zeitgenossen derb genug aufzubereiten. Bosch war ein Mensch der Renaissance; er malte verkrüppelte Hofnarren aus dem romanischen Fries ebenso wie spätgotische Wasserspeier, als wären sie Figuren aus dem Possenspiel des Lebens, das er als einen Übergang zur Ewigkeit sah, zur Verdammnis oder zur Errettung. Das heißt, er war ein Mann, der das Lebensgefühl seiner Zeit voll zum Ausdruck brachte. Er warnte vor schrecklichen Strafen, die den Sünder erwarten (*Das Jüngste Gericht*), vor der ständigen Bedrohung durch Versuchungen *(Die Versuchung des Hl. Antonius)*, vor der Anziehungskraft verbotener Freuden *(Der Garten der Lüste)*, und er verstand die Welt in ihrer Essenz *(Der Heuwagen)*.

Vom technischen Gesichtspunkt her hat die Kritik seine „prägnante, klare Zeichnung" hervorgehoben, ein Ergebnis der vielen Skizzen und vorbereitenden Zeichnungen, die uns erhalten sind. Jedenfalls entkommt er nicht der mittelalterlichen Förmlichkeit bei seinen menschlichen Darstellungen, wie z.B. bei der notorischen, grazilen und irrealen Kurve seiner weiblichen Figuren, typisch für

Der Heuwagen, die Hölle. *Detail.*

das Mittelalter. Bosch vervielfältigt die einzelnen Anziehungspunkte und verhundertfacht seine Figuren und macht daraus eine dekorative Einheit, mit der er das große ‚Theater des Lebens' inszeniert.

Den Horizont legt er ziemlich weit oben im Bild an, um so die Mittelfläche hervorzuheben, die übergangslos mit dem Vordergrund verschmilzt. Irrtümlicherweise spricht man von einer „extremen Leichtigkeit" seiner Farbgebung, obwohl Bosch auch mit dunklen Farben und mit einem teuflischen Schimmern denselben Effekt erzielten konnte. Auch wurde die Einheit des Gesamten hervorgehoben, voller Grazie, selbst in den schrecklichsten Szenen, wobei auf einem Grund aus Beige-, Braun- und Grautönen, wie ein Peitschenschlag in der Nacht, lebhafte Farben, Scharlachrot, Grün und Gelb auftauchen. Bosch suggeriert immer etwas mit seiner Atmosphäre, sei es Licht und Heiterkeit, wie bei den Szenen im Paradies, oder abgrundtiefen Horror, bei den Höllenszenen. Trotz der oftmals winzigen Figuren gelingt es ihm, ihnen Transparenz zu verleihen; und er beherrscht meisterhaft die Lasurtechnik.

Er begeistert sich für Extravaganzen aller Art (z.B. ein von einem Zweiglein hängende Kugel, die auf einem Trichter sitzt, der wiederum als Hut genutzt wird), sogar entgegen aller physikalischer Gesetze, wie man bei der Darstellung eines fliegenden hl. Antonius gesehen hat.

Während des XX. Jh. hat man ihm einen oftmals sexuell gefärbten Symbolismus nachgesagt, eine absolut unwahrscheinliche Interpretation seiner Arbeit. Der Kunstkritiker José Pierre meinte, daß Bosch sich, zumindest teilweise, auf die Symbologie der Alchimie gestützt habe. Das ist möglich, aber „egal ob er sich durch einen bereits bestehenden Code inspirieren ließ oder ob er aus seiner Vorstellungskraft schöpfte (die Wahrheit liegt wohl dazwischen), man kann nicht leugnen, daß sein Werk eine prophetische Feststellung ist, mit vierhundert Jahren Vorsprung, über die genialen plastischen Kunstgriffe des Unterbewußtseins."

Weiterhin hat man von ihm gesagt, er sei der große Vorläufer der Surrealisten, die ihn verehrten, mit André Breton an der Spitze. Breton selbst sagte, der Surrealismus basiere „auf der absoluten Macht des Traumes und der objektiven Anwendung des Gedankens". Doch fehlt den Surrealisten sicher die moralisierende Absicht bzw. das subjektive Denken. Und diese Eigenschaften gehören zu Bosch. Der Ausdruck der Freudschen Libido, wie ihn die Surrealisten fordern, wäre von der damaligen Gesellschaft als eine Aufforderung zum Bösen empfunden worden. Bosch will nicht das Unterbewußtsein entblößen, sondern geistige Wahrheiten aufdecken. Außerdem kann selbst hinter der groteskesten Szene immer noch eine zweite Absicht verborgen sein, eine zweite Interpretationsebene. Jedenfalls konnte die Bedeutung dieser überquellenden persönlichen Welt nicht ganz aufgeschlüsselt werden. Wahrscheinlich ist es auch besser so.

Zusammenfassend kann gesagt werden, daß Bosch das Ende der gotischen Malerei bedeutet. Er war der letzte Mensch einer Epoche, in der sich mit geballter Kraft die spätgotische erbitterte Religiosität mit der parallel dazu verlaufenden Neigung zu einem weltlichen Leben und der Hexerei vermischte, die Sensualität mit der Frömmigkeit und die Magie des Verstandes mit der Realität des Unverstandes.

Der Garten der Lüste. *Detail.*

HIERONYMUS BOSCH, DER MENSCH (BIOGRAPHIE)

1450 - Man nimmt an, daß dies das Geburtsjahr von Hiernoymus van Aeken ist; genaues ist jedoch nicht bekannt. Es ist auch nicht sicher, ob sein Nachname Aeken oder Aken ist. Ebenfalls bestehen Zweifel über seinen Geburtsort. Erst glaubte man, daß es Aachen war, am Rheinufer; später dachte man, es sei Hertogenbosch, ein flämisches Dorf, wo er lange Jahre lebte. Heute nimmt man an, daß er aus Bois-le-Duc, in Holland stammte. Nach der Kleinstadt Hertogenbosch nahm er aber sicher seinen Künstlernamen an, der am spanischen Hof zu „El Bosco" wurde. 1460 und 1462 sind weitere Jahre, die mit seiner Geburt in Verbindung gebracht werden.

1474 - erscheint er zum ersten Mal in einem städtischen Register, zusammen mit einer Schwester und zwei Brüdern, von denen einer, Goossen, ebenfalls Maler ist.

1478 - stirbt Antonius van Aken, Boschs Vater, ebenfalls Maler.

1479/81 - heiratet er Aleyt Goyaerts van de Mervenne, aus begüterter Familie und vermutlich älter als er.

1486/87 - wird er in einem Zahlbuch der Laienbruderschaft „Zu unserer lieben Frauen" erwähnt, eine vermögende Gemeinschaft zur Verehrung Mariens, in der Männer und Frauen, Laien und Geistliche Aufnahme finden und mit der er sein ganzes Leben in Verbindung steht. Die Familie Bosch erhält von ihr Aufträge für Vergoldungen und Bemalungen von Prozessionsstatuen.

1493 - schafft Bosch ein Glasfenster für die neue Kapelle der Bruderschaft, zu Ehren der Madonna Zoete Lieve Vrouw.

1511/12 - arbeitet er an einem Kruzifix für die Bruderschaft und ein Jahr später an einem Kandelaber, das er ihr praktisch stiftet, wie aus der Quittung ersichtlich ist.

1495/1512 - schafft er seine großen Triptychen. Philipp II. zeigt ihm seine Gunst, weshalb im Prado seine großartigsten Werke zu finden sind: *Der Garten der Lüste, Der Heuwagen*, verschiedene Versionen der *Versuchung des Hl. Antonius, Das Narrenschiff* und eine *Epiphanie*. Erwiesenermaßen lebt er jedoch nahezu ununterbrochen in Hertogenbosch.

1504 - Im Auftrag Philipps des Schönen, Herzog von Burgund und König von Spanien, malt er *Das Jüngste Gericht*, oder wahrscheinlich ein Werk mit ähnlichem Motiv, aber viel größer, das verloren ging. Bei diesem Auftrag erscheint der Name ‚El Bosco' zum ersten Mal.

1516 - Am 9. August feiert seine Bruderschaft eine Verstorbenenmesse für Bosch, daher weiß man, daß er kurz vorher verstorben ist. Er hinterläßt weder Tagebücher noch Briefe. Nur Schlußfolgerungen von wenigen Eintragungen im städtischen Register oder Aufzeichnungen der erwähnten Bruderschaft lassen uns etwas von seinem Leben erfahren. Bosch hat seine Gemälde nie mit einem Datum versehen. Da sie zudem meist beschädigt oder übermalt wurden, ist es schwierig, eine Reihenfolge der Gemälde festzulegen.

1629 - greifen Truppen von Prinz Friedrich Heinrich Nassau Hertogenbosch an und zerstören es zum größten Teil, wobei sicherlich verschiedene Werke des Künstlers verloren gehen.

Der Garten der Lüste. *Detail.*